www.tredition.de

AF197153

Catherine Bass

Mit Tinkturen durch die Wechseljahre

Ein Selbstversuch

Verlag und Druck: tradition GmbH, Hamburg

ISBN
Paperback: 978-3-7482-3532-3
Hardcover: 978-3-7482-3533-0
e-Book: 978-3-7482-3534-7

Wichtiger Hinweis

Alle Rezepte, Anwendungen und Empfehlungen sind von der Autorin selbst getestet worden. Da jede Person anders reagiert, ist es wichtig, dass Sie selbst darauf achten, was für Sie stimmt und was nicht. Bei Pflanzen ist es wie bei der Nutzung von Medikamenten unerlässlich sich über die Gegenanzeigen, Nebenwirkungen und Anwendungsdauer zu informieren. Ein Buch kann keineswegs einen Arzt oder Heilpraktiker ersetzen. Jegliche Haftung seitens der Autorin bzw. des Verlages für Nachteile oder Schäden ist ausgeschlossen.

1. Auflage 2019

Inhaltsverzeichnis

Dank

Anhänge

Quellenangaben

Dank

An Alexandre

Ohne Dich hätte ich die Nähe zur Natur, ihren Kräften und zu den Heilpflanzen vielleicht nicht wiederentdeckt. Danke, dass Du mir immer wieder gewisse Pflanzen gezeigt hast, mich mit Wildpflanzen bekochst hast und mich dazu animierst hast Sachen selbst zu recherchieren, anstatt mir die Antworten direkt zu geben. Somit hast Du meine Neugierde gefördert und mich auf die Idee gebracht mich vertieft mit Heilpflanzen zu beschäftigen. Danke von Herzen.

An Helga

Ein Dankschön gebührt auch Helga Ell-Beiser, Dozentin an der Freiburger Heilpflanzenschule. Sie hatte immer ein offenes Ohr, um meine Fragen zu beantworten und hat mich auch bestärkt diesen Weg zu gehen.

1. Einleitung

Ich mag mich noch sehr genau daran erinnern wann «alles» anfing. Ich befand mich anfangs Mai 2017 auf einem wöchigen Business-Seminar in einem vornehmen Hotel. Die Vorlesungen fanden in einem grossen Saal statt. Ich sass ganz hinten, weil ich ab und zu aufstehen musste aufgrund der Folgen einer Rückenoperation. Dies erwies sich als einen glücklichen «Zu-Fall»!

Bereits einige Tage zuvor hatte ich nächtliche Schweissausbrüche, die ich nicht so richtig einordnen konnte. Ich bin dann jeweils aufgestanden, habe etwas kaltes Wasser getrunken, die Arme erfrischt, manchmal den Schlafanzug gewechselt und das wars dann schon. Ich dachte mir, na ja, vielleicht ist es die Aufregung vor der herausfordernden Woche.

Am Morgen der ersten Vorlesung ging es dann so richtig los und zog sich die ganze Woche über durch und noch weit darüber hinaus. Ungefähr alle 30' Minuten überkam mich eine unangekündigte Hitzewelle, die ca. eine Minute dauerte. Am dritten Tag habe ich mit «Messungen» begonnen, als ich bemerkte, dass sich das Phänomen zu etablieren schien. Sie, die Hitzewellen, begannen auf Höhe der Brust und stiegen dann hoch bis zum Kopf wie der Dampf in einem Dampfkochtopf. Nur fehlte ein Ventil, um den Dampf gezielt und ohne merkliche Konsequenzen abzulassen. Das waren sie also die berüchtigten Hitzewallungen der Wechseljahre, wie sie so genannt werden. Ich liess mir nichts anmerken. Der Schweiss lief mir aber buchstäblich den Nacken und den Rücken herab. Meine halblangen dichten Haare waren beim Hinterkopf nass wie wenn ich aus der Dusche gekommen wäre. Wie bereits erwähnt, sass ich ganz hinten und konnte manchmal an einen Stehtisch gehen, der für mich installiert wurde. Diese willkommene Bewegung hat mir die Sache etwas erleichtert und zum Glück waren da auch noch die Fenster, die die Seminarleiter ab und zu öffneten. Das kleine Lüftlein kam mir sehr entgegen!

Es wurde mir allmählich klar, dass das eine typische Auswirkung der Wechseljahre war. Nach und nach wurde mir auch klar woher die anderen Symptome vielleicht herkamen, wie zum Beispiel: Schlaflosigkeit, Gelenkschmerzen, extreme Müdigkeit, Gewichtzunahme, Herzrasen und noch andere. Mir wurde bewusst, dass die Wechseljahre schon viel früher eingesetzt hatten. Die Regelblutungen hatten schon vor einigen Monaten aufgehört, nachdem sie ein letztes Mal ein so heftiges Zeichen von sich gaben, dass ich auf dem Weg zur Arbeit umkehren musste und den Tag zu Hause verbrachte. Als ich dann nach einiger Zeit gemerkt habe, dass es das wohl war, war ich ganz glücklich und dachte mir nichts dabei. Wenn da nicht ein paar Monate später diese Hitzewallungen zum Vorschein gekommen wären... Wie lange würde das wohl dauern? Das ist von Frau zu Frau sehr unterschiedlich. «Eine Studie der Wake Forest School of Medicine in North Carolina (USA) an 3.302 Frauen mit Wechseljahresbeschwerden kam zu dem Ergebnis, dass Hitzewallungen durchschnittlich 7,4 Jahre andauern – davon 4,5 Jahre nach der letzten Menstruation. Am längsten sind Frauen betroffen, die die fliegende Hitze als eines der ersten Wechseljahressymptome schon vor oder zu Beginn der Wechseljahre an sich wahrnahmen: Sie leiden im Schnitt 11,8 Jahre an den unangenehmen Hitzeschüben?[1]

---

[1] Quellenangabe: https://www.hormontherapie-wechseljahre.de/symptome-wechseljahre/hitzewallungen/

Direkt nach dem Seminar, begann ich Salbeitabletten (Menosan Dr. A. Vogel) zu nehmen und lauwarmer Salbeitee zu trinken. Ich hoffte, dass dies ein wenig Abhilfe verschaffen würde. Nach zwei Monaten ohne Erfolg, mit halbstündigen saunaähnlichen Schwitzerfahrungen, ging ich zur Hausärztin und erhielt ein rezeptpflichtiges standardisiertes pflanzliches Präparat mit Traubensilberkerze (1 Mal pro Tag 6.5 mg Trockenextrakt aus dem Wurzelstock von *Cimicifuga racemosa*, Auszugsmittel 60% Ethanol). Eine traditionelle Hormonersatztherapie auch HET abgekürzt (Pflaster und co.) hat die Hausärztin erwähnt, aber sie wusste, dass ich das ablehnen würde. Nach circa einem Monat regelmässiger Einnahme des Präparats schienen die Hitzewallungen nachzulassen. Das ging ca. 5 Monate relativ gut. Anstatt eine Hitzewallung alle 30 Minuten war der Abstand zwischen zwei Ausbrüchen „nur" noch ca. 2 – 3 Stunden. Nach einigen Monaten liess die Wirkung aber nach (ungefähr Januar 2018). Ich beschloss dieses Präparat, sowie das meines Arztes für Ayurveda (auch ein Präparat mit Traubensilberkerze und zusätzlich Yamswurzeln) abzusetzen. Die Vorstellung von diesen oder anderen relativ teuren Medikamenten abhängig zu sein und vielleicht die Dosis erhöhen zu müssen störte mich. Aber alles begann wieder von vorne an. Da wusste ich noch nicht genau wie weiter.

Zuvor hatte ich mich im September 2017 bei der Freiburger Heilpflanzenschule für eine Ausbildung angemeldet. Das war der richtige Entscheid. Schnell wurde mir klar, dass mich das erlernte Pflanzenwissen allgemein weiterbringen würde und auch für meine Wechseljahrsymptome eine grosse Hilfe sein würde.

Ich hatte bereits gewisse Kenntnisse über die Wirkung von Pflanzen und ein wenig Erfahrung mit dem Ansetzen von Tinkturen (ich bin ein Fan von Tinkturen). Es ist mir bis dahin aber nie in den Sinn gekommen Präparate für die Symptome der Wechseljahre herzustellen. Aber nach den ersten Lektionen in der Heilpflanzenschule war es klar. Ich nehme das Zepter selbst in die Hand!

Ich fühlte mich schon immer von gewissen Pflanzen angezogen, zum Beispiel vom Rotklee. Es hatte offensichtlich einen Grund (siehe später). Somit beschloss ich Erfahrungen mit der Selbstherstellung und Einnahme von Tinkturen (siehe unten) zu sammeln und das Ganze über eine gewisse Zeitspanne zu dokumentieren. So ist dieses kleine Buch entstanden. Es ist das Resultat eines persönlichen Experiments, das mir sehr geholfen hat und noch immer hilft. Jede Frau erlebt die Wechseljahre anders und reagiert anders. Das heisst, dass dieses Experiment auf keinen Fall so reproduziert werden soll. Es kann aber vielleicht andere Frauen dazu anregen die Verantwortung für sich und diese Phase des Lebens zu übernehmen und selbst etwas auszuprobieren.

Ich beschloss drei «Hauptpflanzen» an mir zu «testen»: der Rotklee, der Salbei und die Traubensilberkerze. Wie ich die Wahl traf, erzähle ich später. Im Lauf des Experiments habe ich die «Auswahl» noch mit dem Baldrian und der Weide erweitert. Der Lavendel begleitet mich ebenfalls. Auf den Aufbau der Selbsttests komme ich später zu sprechen. Was ich aber bereits verrate, ist, dass es enorm Spass gemacht hat und immer noch macht und gezeigt hat, dass die Wechseljahre keine Krankheit sind und sich von weitem nicht nur durch beschwerliche Symptome definieren. Für mich sind sie das Tor zu einer bereichernden Zeit. Es braucht jedoch die Bereitschaft diese Zeit als solche zu betrachten. Diese Arbeit ist angedacht als Kurzinformation und Sensibilisierung zum Thema. Sie soll eine Anregung sein, die Sache selbstbestimmt anzugehen, seinem Körper zu vertrauen und ihn zu lieben oder lieben zu lernen.

Bevor die eigentliche Durchführung des gesamten Experimentes von der Herstellung der Tinkturen bis zur Einnahme und der Resultate erläutert wird, folgt etwas Basiswissen über die Wechseljahre. Für ganz detailliertes Fachwissen empfiehlt sich jedoch auf ausführliche Fachliteratur zurückzugreifen (siehe Quellenangaben).

(Foto C. Bass)

2. Grundwissen über die Wechseljahre

2. 1.   Definition: Wechseljahre

Die Wechseljahre, im Fachjargon auch „Klimakterium" genannt, beschreibt keine Krankheit, sondern einen Teil des natürlichen Alterungsprozesses einer jeden Frau. Während den Wechseljahren – meistens eine Zeitspanne von zehn bis fünfzehn Jahren -, die bei jeder Frau etwas anders verlaufen, teils auch kulturell bedingt, treten viele Veränderung auf. Es finden grosse hormonelle Umstellungen statt. Die Produktion weiblicher Geschlechtshormone (Östrogene und Progesteron und andere) geht zurück und versiegt bis zum Alter zwischen 65 und 70 Jahren schließlich fast vollständig.

Die Wechseljahre werden unterteilt in Prämenopause, Menopause, Perimenopause und Postmenopause.

In den Eierstöcken befinden sich ca. 400'000 Follikel (Eizellen). Wenn diese so quasi aufgebraucht sind, fangen die Wechseljahre an und man spricht von der **Prämenopause**. Die Produktion der Hormone stellt sich allmählig um. Zuerst wird die Produktion des Progesterons und dann der Östrogene runtergefahren (nach der Menopause wird aber immer noch eine geringe Menge dieser beiden Hormone produziert). Die Prämenopause ist die Zeitspanne, in der sich der Hormonhaushalt der Frau langsam beginnt umzustellen. Die Monatsblutung kann vereinzelt mal ausfallen, mitunter kommt es auch schon zu ersten leichteren Wechseljahrbeschwerden (nicht bei jeder Frau). Die Prämenopause beginnt laut

Erfahrungswerte, die in der Literatur zu finden sind, etwa Mitte 40 und dauert in der Regel um die 6 Jahre.

Die **Menopause** ist der Zeitpunkt, zu dem die Monatsblutung endgültig aufhört. Da es auch zuvor schon zu vereinzeltem Ausbleiben der Menstruation kommen kann, spricht man erst dann von der Menopause, wenn die Regelblutung ein Jahr lang nicht mehr aufgetreten ist. Das kann man natürlich erst Rückwirkend «feststellen». In dieser Zeit, mindestens ein Jahr nach der letzten Regelblutung, sollte verhütet werden, wenn kein Kinderwunsch mehr das ist. Statistiken nach, haben in Deutschland 67 Frauen über 50 ein Kind zur Welt brachten. Das zeigt, dass es immer noch möglich ist. Am häufigsten tritt die Menopause um das 52. Lebensjahr herum ein. Es bleibt jedoch von Frau zu Frau unterschiedlich.

Die Jahre nach der Menopause nennt man **Postmenopause**. Auch diese Phase, in der sich der Hormonhaushalt weiter umstellt, dauert mehrere Jahre und kann für gewisse Frauen eine echte Herausforderung darstellen.

Die zwei Jahre vor und nach der Menopause nennt man **Perimenopause**. In dieser Zeit findet eigentlich der Wechsel statt.

(Foto C. Bass)

2. 2.　　　Medizinisch gesehen

2.2.1.　　Hormonhaushalt: zwei wichtige Hormone

Es gibt verschiedene Hormone, die in den Wechseljahren eine Rolle spielen. Hier wird jedoch nur auf die Östrogene und das Progesteron eingegangen. In der medizinischen Fachliteratur werden sie alle detailliert ausführlich erklärt (siehe Quellenangaben).

Die Östrogene

Die Östrogene werden hauptsächlich in den Eierstöcken (Ovarien) in Follikeln und im Gelbkörper, zu einem geringeren Teil auch in der Nebennierenrinde, produziert. Bis die Eierstöcke in den Wechseljahren ihre Funktion verlieren, haben sie grosse Arbeit geleistet. Praktisch 40 Jahre lang haben sie einen Eisprung nach dem anderen produziert bis es dann «fertig» ist. Während die Eierstöcke und die Gebärmutter in der Pubertät sehr aktiv werden, steigt der Östrogenspiegel im Blut an und die Regelblutungen beginnen. Wenn keine Eifollikel mehr reifen, kommt das hormonelle Zusammenspiel zwischen Unterleib und Hirnanhangdrüse zum Stillstand. Der Östrogenspiegel sinkt. Andere Gewebe wie das Fettgewebe, beginnen jedoch mit der Produktion weiblicher Hormone. Die Östrogene sind an einer ganzen Reihe von Funktionen beteiligt. Zu den Wirkungen dieser weiblichen Sexualhormone zählt u.a. das Wachstum der Brust, der Aufbau der Gebärmutterschleimhaut nach der Monatsblutung, das Wachstum der Muskulatur in der Gebärmutter, das Öffnen des Muttermundes vor dem Eisprung, die Schleimbildung im Gebärmutterhals, die Stärkung des Unterhautfettgewebes, die Geschmeidigkeit der weiblichen

Geschlechtsorgane, die Stärkung des Knochengewebes, die Entstehung der "weiblichen" Stimme.

Wenn der Östrogenspiegel sinkt, können sich einige Symptome wie Hitzewallungen und nächtliche Schweißausbrüche, Konzentrationsschwäche, depressive Verstimmung und Schlaflosigkeit bemerkbar machen und das Leben Betroffener erheblich beeinflussen. Zusätzlich klagen einige Frauen über Libidoverlust und Trockenheit der Schleimhäute, inklusiv der Scheide.

Östrogene wirken physiologisch auf die Knochen. Eine Verminderung des Östrogenspiegels im Blut kann zu Osteoporose (Knochenschwund) führen. Östrogene haben auch eine stimulierende Wirkung auf das Immunsystem. Zudem erhöhen Östrogene im Hirn die Sensibilität für das Hören; ein verminderter Östrogenspiegel, etwa nach der Menopause, kann das Hörvermögen vermindern. Das Hormon ist essenziell für das Speichern von Gedächtnisinhalten von Geräuschen und Sprache.

Das Progesteron

Beim Eisprung wird der Gelbkörper gebildet und somit auch das entsprechende Hormon, das Progesteron, das für die Umwandlung der Schleimhaut in der Gebärmutter zuständig ist. Dies ermöglicht eine allfällige Ei-Einnistung. Das Progesteron unterstützt die Gehirnfunktion und hat u.a. eine angstlösende Wirkung und fördert den Schlaf.

Sobald die Follikel (Eizellen) aufgebraucht sind, stellt sich die Produktion der Hormone allmählig um. Zuerst wird die Produktion des Progesterons und dann der Östrogene runtergefahren. Nach der Menopause wird aber immer noch eine geringe Menge dieser beiden Hormone produziert.

Wenn die Produktion des Progesterons sinkt, dann können Anzeichen für erste Zyklusunregelmäßigkeiten wie verlängerte oder verkürzte Zyklen, starke Regelblutungen, Spannungen und Ziehen in der Brust, Gewichtszunahme, Wassereinlagerungen, Schlafstörungen, Gereiztheit und depressive Verstimmungen auftreten.

2.2.2.   Häufigste Symptome

Der menschliche Körper funktioniert mit einem ausgeklügelten Hormonsystem, das an ganz vielen Körperfunktionen beteiligt ist. Wenn in den Wechseljahren der Hormonhaushalt «verrückt» spielt können viele Beschwerden auftreten sowohl auf physischer wie auch psychischer Ebene. Das Verhältnis zwischen Progesteron und Östrogen und auch deren Spiegel, der sich auf seinem Tiefstand befindet, machen es aus. Zu den meisten Symptomen, die das Wohlbefinden und die Lebensqualität der Frauen beeinflusst zählen:

-       Beklemmungsgefühl in Brust und Hals
-       Brustspannen
-       Depressive Verstimmung
-       Gebärmutterbeschwerden

- Gewichtszunahme (*)[2]
- Haarausfall
- Haarwuchs im Gesicht «Damenbart»
- Hautveränderungen
- Harnwegsinfekte
- Herzrasen (*)
- Hitzewallungen (*)
- Kognitive Störungen
- Libidoverlust
- Muskel und Gelenkschmerzen (*)
- Probleme mit der Blase und den Harnwegen
- Schlafprobleme und Müdigkeit (*)
- Schweissausbrüche (*)
- Schwindel
- Starke Blutungen
- Stimmungsschwankungen und Gereiztheit
- Trockenheit der Schleimhäute und Augen
- Vergesslichkeit

Die Liste ist nicht abschliessend.

Eine aktuelle Umfrage der Gesellschaft für Konsumforschung in Deutschland zeigt, dass bei 285 Frauen im Alter zwischen 50 und 60 Jahren, die meisten Frauen (61,2 Prozent) empfinden Hitzewallungen als das am stärksten belastenden Symptom empfinden. Hitzewallungen sind laut dieser Umfrage mit 65,4 Prozent

---

[2] Die Symptome mit einem Sternzeichen sind die die ich persönlich erlebe und mit Tinkturen lindere, siehe Kapitel B.

auch der häufigste Grund dafür, dass Frauen sich für eine Hormonersatztherapie entscheiden. Die Statistiken fallen jedoch unterschiedlich aus, je nach Studie.

Mit den Wechseljahren und dem Hormonmangel werden auch mögliche Folgeerkrankungen in Verbindung gebracht, wie die Osteoporose, Herzkreislauferkrankungen und Morbus Alzheimer. In diesem Zusammenhang gibt es verschiedene Auffassungen, die sich nicht alle decken.

2.2.3. Behandlung durch klassische Medizin

Die Mediziner und die Fachgesellschaften empfehlen oft eine Hormonersatztherapie (HET) zur Linderung von Wechseljahrbeschwerden wie zum Beispiel bei starken Hitzewallungen. Untersuchungen zeigen, dass positive Nebeneffekte wie Erkrankungsrisiken, die durch einen sinkenden Hormonspiegel erhöht sind, entgegengewirkt werden kann. Laut neueren Erkenntnissen soll eine Substitution von Östrogenen direkt nach der Menopause das Risiko für Herz-Kreislauf-Erkrankungen mindern.

Bevor eine solche Therapie durchgeführt wird, sollte abgeklärt werden, ob Vorerkrankungen und familiäre Vorbelastungen mit gewissen Risiken verbunden sein können. Die Risiken und der Nutzen sollten mit dem behandelnden Arzt besprochen werden, damit die betroffene Frau mit einem guten Informationsstand entscheiden kann was für sie stimmig ist.

Wichtig ist bei einer HET, dass die Frau die Therapie gut verträgt. In dieser Hinsicht hat sich die Verabreichung von Östrogenen über die Haut bewährt (z. B. über ein Gel). Die Gabe von natürlichem Progesteron (in Form von Kapseln), bei vorhandener Gebärmutter, am besten am Abend vor dem Zubettgehen, wirkt schlaffördernd. Aber es wird auf jeden Fall empfohlen, wenn die Frau diesen Weg gehen möchte, die Therapie detailliert mit dem Arzt zu besprechen. Nutzen und Schaden dieser Art von Therapie werden heftig und kontrovers diskutiert.

Manche Mediziner empfehlen auch alternative medikamentöse Behandlungen wie zum Beispiel die Gabe von Phytoöstrogenen, unter anderem, weil eine HET nicht ganz ohne Risiken ist. So auch meine Ärztin. Je nach Quelle findet man Studien, die die Wirkung der Phytohormone bei diversen Symptomen bestätigen und andere zeigen keine signifikante Reduktion der Symptome. Deswegen behaupten gewisse Kreise, dass Phytoöstrogene, andere pflanzliche und nicht hormonale Therapien keine Alternative zur HET darstellen und deswegen auch nicht empfohlen werden können.

Für Frauen, welche eine HET nicht vertragen oder ablehnen, kommen neben allgemeinen Massnahmen (siehe nächstes Paragraph) oder Phytotherapeutika zur Behandlung der herausfordernden Wechseljahrbeschwerden auch andere Medikamente zum Einsatz, wie zum Beispiel Antidepressiva, denen bei Hitzewallungen und Schweissausbrüche ein gewisser Nutzen attestiert wurde. Die Einnahme solcher und anderen Medikamenten im sogenannten

Off Label Use (ausserhalb der normalen Indikationen) ist sorgfältig mit dem Arzt zu besprechen, da diese auch grosse potenzielle Nebenwirkungen haben können.

Die klassische Medizin empfiehlt manchmal nebst einer HET auch adjuvante Massnahmen, aber werten diese oft als nicht ausreichend. Zum Beispiel: die Umgebungstemperatur reduzieren, physischen / sportlichen Aktivitäten nachgehen, nicht rauchen, regelmässig Entspannungsübungen durchführen, Homöopathische Mittel, Salbeitee und andere Kräuter einnehmen, Wechselfussbäder nehmen, auf eine gesunde Ernährung mit einer Zufuhr von Vitaminen, Mineralstoffen und Spurenelementen zu achten.

Meine persönliche Empfehlung ist, sich sehr gut zu informieren, allenfalls mehrere fachliche Meinungen einzuholen (Arzt, Heilpraktiker), unterschiedliche Herangehensweisen zu prüfen (klassische Medizin, Traditionelle chinesische Medizin (TCM), Ayurveda, Homöopathie, Orthomolekularmedizin, usw., siehe unten). Wer gut informiert ist, ist eher im Stande sich eine persönliche Meinung zu bilden und sich entsprechend zu entscheiden.

2. 3.   Andere «Methoden»

Die **Traditionelle Chinesische Medizin** (TCM) als jahrhundertealtes Naturheilverfahren wird nicht erst vor und / oder nach der Menopause eingesetzt, sondern generell zur Steigerung des allgemeinen Wohlbefindens und zur Behandlung vieler Symptome. Die alternativen Therapien der Chinesischen Medizin haben zum Ziel, den Säfte- und Blutstau aufzulösen und Schlacke auszuleiten.

Während des weiblichen Zyklus baut der Körper Gewebe auf und ab (Regelblutung), wenn keine Schwangerschaft eintritt. Während der Wechseljahre läuft der Aufbau von Gewebe noch ein wenig weiter, während die Ausleitung durch die Regelblutung versiegt. Damit sammeln sich aus Sicht der TCM Schlacken an und es kommt zu Blutstau. Aus Sicht der TCM ist das Ausbleiben der Regel als wichtiger Reinigungsprozess der Grund für die Wechseljahrbeschwerden.

Zu der Zeit, als diese holistische Medizin, Körper, Geist und Seele nicht separiert betrachtete, waren die Wechseljahre noch nicht unbedingt ein Thema, da die meisten Frauen nicht bis zu dieser Lebensphase lebten. Die Lebenserwartung war nicht so hoch. Die TCM hat sich aber ständig weiterentwickelt. Und heute sind u. a. Akupunktur, chinesische Heilkräuter, Ernährungsberatung, Chi Gong beliebte Methoden, um klimakterische Symptome zu lindern. Bei Wechseljahresbeschwerden wird u.a. das Chinesische Mutterkraut (Yi Mu Cao), das die Blut- und Säftezirkulation anregt, häufig als Dekokt eingesetzt und hat folgende Eigenschaften: uterusstimulierend, kardiovaskulär, respiratorisch, thrombozytenaggregationshemmend, renal. Generell helfen die TCM Rezepturen nicht nur gegen die leichten Wechseljahresbeschwerden, sondern auch gegen klimakterische Ekzeme, Herzrasen, Depressionen oder Schlafstörungen.

Die TCM hat schon längst in den westlichen Gebieten Einzug gehalten, viele Gynäkologen haben eine solche Zusatzausbildung. Es gibt auch zahlreiche nicht Mediziner, die eine solche Ausbildung haben und ähnlich wie die westlichen Heilpraktiker erfolgreich praktizieren.

Die indische medizinische Heilkunst, **Ayurveda**, wurde ursprünglich vor allem präventiv eingesetzt. Da ging es darum die Gesundheit der Menschen sowohl physisch wie psychisch zu erhalten und zu fördern. Es ging nicht darum die Menschen erst beim Auftreten von Symptomen zu behandeln, wie es heute in unseren Breitengrad der Fall ist. Die ayurvedische Medizin ging ebenfalls mit der Zeit und hat sich der Entwicklung der Bedürfnisse der «Westler» angepasst. Die Kräuterkunde, sowie die diversen Massagen (mit hochwirksamen Ölen oder trockene Massagen, Stempelbehandlungen) und ganz viele weitere Verfahren sind auch sehr effizient, um die Wechseljahrbeschwerden zu lindern, ähnlich wie bei der TCM.

Auch **homöopathische Arzneien** werden erfolgreich in der Behandlung von klimakterischen Beschwerden eingesetzt, am häufigsten Acidum sulfuricum, Aristolochia, Cimicifuga, Lachesis bzw. Sepia. Eine Erstverschlimmerung der Beschwerden muss nicht auftreten, ist aber für die Therapie ein gutes Zeichen und bedeutet, dass für die Patientin das passende Mittel gefunden wurde.

Die **Orthomolekularmedizin** bietet ebenfalls Unterstützung. «Ziel der orthomolekularen Medizin ist es, dass die Menschen gesund und nicht nach langer Krankheit sterben. Nicht die Krankheit, die Gesundheit müssen wir pflegen» (Dr. Lothar Burgerstein 1895 – 1987). Diese Therapieform wurde wie folgt definiert «Orthomolekulare Medizin ist die Erhaltung der Gesundheit und die Behandlung von Krankheiten durch Veränderung der Konzentration von Substanzen im menschlichen Körper, die normalerweise im

Körper vorhanden und für die Gesundheit erforderlich sind»[3]. Im Mittelpunkt steht die – teilweise hochdosierte – Verwendung von Vitaminen, Mineralstoffen, Aminosäuren und essenzielle Fettsäuren und Spurenelementen und sekundären Pflanzenstoffe aus den Lebensmitteln. Sie unterstützen das Immunsystem, den Stoffwechsel und die Zellfunktion. Sie lindern auch Beschwerden während der Wechseljahre.

Studien haben gezeigt, dass Asiatinnen weniger unter Wechseljahrbeschwerden leiden als westeuropäische Frauen. Der Unterschied liegt vermutlich an der Art der Ernährung. Ausgewanderte asiatische Frauen, die die westliche Ernährungsweise übernommen haben, leiden in gleicher Weise an Wechseljahresbeschwerden wie westeuropäische Frauen. Man denkt, dass die in Soja, Tofu, grünem Tee oder Gojibeeren enthaltenen Phytoöstrogene eine Rolle spielen. Asiatinnen nehmen täglich durch ihre landestypische Ernährung etwa 50 mg täglich zu sich, Westeuropäerinnen nur ca. 5 mg täglich. Dieser Unterschied demonstriert den Einfluss die Mikronährstoffe auf unser Wohlbefinden haben können.

Bei Hitzewallungen, Erschöpfung und Depressionen haben sich die Vitaminen E, C und Omega-3-Fettsäuren bewährt. Das Brustkrebsrisiko kann durch Antioxidantien beeinflusst werden (Vitamin C oder Carotinoide und sekundäre Pflanzenstoffe). Die sekundären Pflanzenstoffe haben auch eine Wirkung auf die Osteoporose. Dies reicht aber nicht, es braucht auch noch die Vitaminen

---

[3] Dr. Lothar Burgerstein †, 11. Auflage, Prof. Dr. med. Michael Zimmermann, Hugo Schurgast, Uli. P. Burgerstein, Haug, 2007

C, B3, B6, B12 und Folsäure, Vitamin D und K, sowie von den Mineralien Magnesium, Kalzium und den Spurenelementen Zink, Bor, Kupfer und Mangan.

Dies ist nur eine kleine Auswahl der Wirkung der Orthomolekularen Medizin. Es zeigt, dass es gute Gründe gibt in den Wechseljahren zusätzliche Mikronährstoffe einzunehmen.

Die **Phytotherapie** basiert auf pflanzlichen Substanzen und bildet die Basis für den Selbstversuch, der unter Kapitel B aufgeführt wird. Unter den zahlreichen pflanzlichen Wirkstoffen mit östrogener oder östrogenähnlicher Wirkung sind Isoflavone aus der Sojabohne und dem Rotklee sowie die Traubensilberkerze (Cimicifuga racemosa) die bestens untersucht wurden. Bei leichten oder mittleren Wechseljahrbeschwerden können sie eine Linderung bringen. Dies wird aber kontrovers diskutiert. Es gibt zahlreiche weitere Pflanzen, die bei Wechseljahrbeschwerden eingesetzt werden können, wie z. B. der Mönchspfeffer, der Hopfen, der Granatapfel, der Lein, der Rhapontik-Rhabarber, der Salbei, das Johanniskraut und noch andere je nach Symptom. Einige Pflanzen werden im Kapitel 2 erläutert und deren Monographien befinden sich im Anhang.

Phytoöstrogene befinden sich ebenfalls in Hülsenfrüchten, Leinsamen, Sojabohnen und Erdnüssen, Knoblauch, Spargel und Haferflocken. Dies zeigt, dass auch mit der Ernährung der allgemeine Zustand unterstützt werden kann.

Wir Frauen haben also die Qual der Wahl und das sind nur einige der möglichen Methoden. Deswegen weise ich gerne nochmals darauf hin, dass es wichtig ist, sich selbst zu informieren, sich ein Bild zu machen, auf sich zu hören und Entscheidungen zu treffen wie die Symptome reduziert oder gar zum «Verschwinden» gebracht werden können. Es lohnt sich, so meine persönliche Meinung.

3. Mit Tinkturen durch die Wechseljahre, Selbstversuch

Wie einleitend erwähnt war für mich klar, dass ich die Wechseljahrbeschwerden nicht mit einer herkömmlichen Hormonersatztherapie lindern werde, weil mir die Risiken (Thrombosen, Herzinfarkte, Schlaganfälle, usw.) zu gross sind und ich grundsätzlich keine synthetisch hergestellten Medikamente zu mir nehme.

Ich hatte genug vom Gang zur Ärztin um Medikamente wenn auch pflanzlich, abzuholen. Sie waren teuer und deren Wirkung hat mich nicht vollumfänglich überzeugt, vielleicht auch, weil ich sie nicht mehr wollte. Ausserdem fühlte ich mich nicht krank, sondern hatte / habe einfach einige Beschwerden, die in Zusammenhang mit meinem Alter und den Wechseljahren stehen. Also effektiv kein Grund, um zur Ärztin zu pilgern!

Ich entschied mich deshalb selbst zu schauen, was ich machen kann, um die meisten Symptome zu lindern. Zu sagen bleibt, dass ich nie einen Hormonspiegeltest habe machen lassen, weil ich es seit einigen Jahren bevorzuge meinen Körper zu beobachten und ihm „zuzuhören". Arztbesuche versuche ich weitgehend zu vermeiden.

Wenn aber bekannt ist, dass in der Familie gesundheitliche Probleme im Zusammenhang mit den Wechseljahren bestehen oder schwerwiegende Krankheiten vorhanden sind (z.B. Krebs oder Osteoporose) kann es sinnvoll sein, einen Hormonspiegel machen zu lassen und auch generell sich vom Arzt beraten zu lassen.

Bei einer Selbstmedikation, wie hier in diesem Versuch, sollte man sich sicher sein was man tut, denn auch bei Pflanzen kann es zu Neben- und Wechselwirkungen kommen. Auf die Dauer der Einnahme ist ebenfalls zu achten (siehe auch Monographien im Anhang).

3.1 «Meine» Symptome

3.1.1.   Herzrasen

Das Herzrasen tritt bei mir mehrheitlich abends im Bett auf. Mit Entspannungs- und Atemübungen lässt es sich gut regulieren. Jahrelange Praxis hilft sehr diese Übungen praktisch auf Knopfdruck wirkungsvoll einzusetzen. Herzrasen ist mittlerweile eher selten auftretendes Symptom. Diesbezüglich habe ich mir auch nie Sorgen gemacht, da ich weiss, dass ich ein gesundes Herz und keine Blutdruckprobleme habe. Falls wegen dem Herzrasen Unsicherheit oder gar Angst besteht, dann ist eine Arztbesuch empfehlenswert.

3.1.2.   Wandernde Muskel- und Gelenkschmerzen

Sie sind eine grössere Herausforderung. Sie treten täglich auf, oft morgens beim Aufstehen. Diese Beschwerden werden von den Ärzten eher mit üblichen Abnutzungserscheinungen begründet und oft auch mit den üblichen Schmerzmitteln behandelt, zum Beispiel mit Substanzen wie Ibuprofen, Paracetamol, usw... Doch tatsächlich können Gelenkprobleme in den Wechseljahren auch Folge des sinkenden Östrogenspiegels sein. Welche Erfahrungen ich mit welchen Pflanzen gemacht habe, erläutere ich nachfolgend.

3.1.3.   Hitzewallungen und Schweissausbrüche

Das sind die Hauptsymptome die mich am meisten «plagen», sowohl tagsüber wie in der Nacht. In der Nacht kombinieren sich diese zusätzlich mit Schlafproblemen.

3.1.4.   Schlafprobleme

Ich führe sie hauptsächlich auf die Hitzewallungen und Schweissausbrüche zurück. Einschlafprobleme habe ich praktisch keine. Es kann aber sein, dass das Wiedereinschlafen nach einem Schweissausbruch vorkommt. Die maximale «Wachseins Dauer» betrug bis jetzt 3 ½ Stunden. Das kommt zum Glück nicht oft vor. Wenn es aber vorkommt, ist der darauffolgende Tag eine echte Herausforderung vor allem wenn ich auswärts arbeite, weil dann das Einlegen einer kurzen Schlafpause nicht möglich ist. Da ich aber ein langer Arbeitsweg habe, den ich mit der Bahn zurücklege, schlafe ich halt manchmal während des Weges zur Arbeit oder auf der Rückreise. Das hilft. An freien Tagen kommt es vor, dass ich über Mittag eine kurze Pause einlege.

Für einen ruhigen Schlaf trinke ich einen Tee mit Baldrian, Verbena und Melisse. Passionsblume oder Hopfen könnten ebenfalls benutzt werden.

3.2 Selbstversuch: Vorgehensweise

Meine Ausbildung an der Heilpflanzenschule in Freiburg im Breisgau begann im Februar 2018 gleichzeitig wie mein Umzug in ein altes Haus auf ca. 700 Meter ü. M. Ungefähr im April, nach etwas Bedenkzeit, habe ich mich entschieden eine aAbeit zu schreiben, die mir persönlich und vielleicht anderen Frauen etwas bringen kann. Da war es naheliegend Pflanzen zu erkunden die mir bei meinen Wechseljahr-Symptomen Linderung verschaffen könnten.

Also entschied ich mich mit Tinkturen zu arbeiten, da ich seit vielen Jahren ein «Fan» davon bin. Ich liebe es die Tinkturen herzustellen (mehr dazu bei jeder einzelnen Pflanze). Ich habe mich bewusst entschieden eine Pflanze nach der anderen auf ihre Wirkung zu testen. Jede Tinktur habe ich selbst hergestellt teils mit

Pflanzen aus meinem Garten oder näheren Umfeld oder bei Wurzeltinkturen mit gekauften Rinden in biologischer Qualität.

Als schamanisch Praktizierende habe ich einen vielfältigen Bezug zur Natur und zu Pflanzen. Deswegen habe ich mich mit rituellen Reisen kombiniert mit Garten- und Umgebungsrundgängen auf den Weg zu den Pflanzen gemacht, um zu schauen mit welchen ich wohl arbeiten soll.

In meinen inneren Reisen und Umgebungserkundungen stiess ich auf mehrere Pflanzen, die mich einluden, sie zu pflücken und zu verarbeiten. Diese waren der Rotklee, der Salbei, die Weide, der Lavendel, die Traubensilberkerze und der Baldrian.

Ich beschloss für jede Pflanze eine Tinktur anzusetzen, ausser für den Lavendel. Den Lavendel habe ich als ätherisches Öl verwendet. Mehr dazu später. Um die Wirkung zu testen braucht es eine gewisse Zeit, deswegen habe ich für die Einnahme der jeweiligen Tinktur Abschnitte von 4 bis 6 Wochen gewählt, einerseits weil man in der Literatur es so lesen kann und andererseits, weil ich bei langwierigen Beschwerden bereits Erfahrungen in die Richtung gemacht habe. Aber Tinkturen können auch viel schneller wirken und zwar innerhalb von Stunden, wie ich es erfahren konnte z. B. bei Husten mit einer Thymian Urtinktur. Nach jedem Test habe ich eine Pause von 4 Wochen eingelegt, um, falls die Pflanze eine Wirkung zeigte, den Symptomen «die Chance zu geben» wieder zum Vorschein zu kommen (was sehr gut gelang!), bevor die nächste Pflanze an der Reihe war. Es erwies sich als eine relativ gute Vorgehensweise.

Den Selbstversuch habe ich chronologisch dokumentiert. Die ausführlicheren Pflanzenmonographien befinden sich bei Interesse im Anhang.

(Foto C. Bass)

3.3 Tinkturen: Herstellung, Einnahme und Resultate

3.3.1.   Rotklee-Tinktur

Der Rotklee wächst in meiner Umgebung. Lateinisch heisst er Trifolium pratense. Man nennt ihn auch für gewöhnlich Wiesenklee. Er ist sehr reich an Isoflavonen. Das sind östrogenartige Stoffe, auch Phytoöstrogene genannt, die als natürlichen Ersatz für eine HET eingesetzt werden können. Laut gewissen wissenschaftlichen Berichten ist Vorsicht geboten. Bei einem Mammakarzinom oder Gebärmutterkrebs (oder bei genetischer Disposition) sollte man auf Rotkleepräparate verzichten wegen der östrogenartigen Wirkung, die das Wachstum von Brustkrebszellen begünstigen könnten. Volksmedizinisch wird er als Heilmittel gegen krebsartige Hautgeschwülste eingesetzt. Der Krebsfördernde oder lindernde Effekt des Rotklees ist ein umstrittenes Thema.

(Foto C. Bass)

Die Rotklee-Blüten habe ich am 13. Mai geerntet und verarbeitet: 15 g frische Blüten mit 130 ml Ethanol 60% (Trinkfeinsprit 96% verdünnt auf 60% mit mineralarmem Quellwasser)[4]. Da mir dies nicht zu reichen schien, habe ich auch noch 30 g selbst getrocknete Blüten mit 260 ml mit Vodka 40% angesetzt. Die Vorgehensweise war für beide Präparate identisch. Die Blüten wurden in einem Mörser mit einem Teil des Alkohols und bei Gesang für eine ganze Weile zerkleinert bis eine breiartige Masse entstand. Danach wurde die Masse mit dem Rest des Ethanols in je eine Weithals-Braunflasche abgefüllt und nochmals verrührt. Das Mazerat wurde am 21. Mai gefiltert und in mehrere kleine Braungläser mit Pipette abgefüllt und angeschrieben. Die Tinktur kam sofort zum Einsatz. Idealer wäre gewesen die Tinktur noch mindestens ein paar Wochen ruhen zu lassen. Begonnen habe ich mit 10 Tropfen der frisch Pflanzentinktur, 3 Mal am Tag. Als die fertig war, nahm ich ca. 20 – 25 Tropfen der Tinktur, die mit den trockenen Pflanzen hergestellt wurde. Es gab keinen für mich bemerkbaren Unterschied zwischen den 2 Tinkturen ausser bei der Dosierung. Eine Bemerkung jedoch: die Tinktur mit den Frischpflanzen riecht etwas mehr nach Rotklee als die mit den Trockenpflanzen. Man sollte aber berücksichtigen, dass Trockenpflanzen an Wirkstoff verlieren und man beim Trocknen die Pflanzen möglichst ganz trocknet und erst bei Gebrauch zerkleinert.

Die Versuchsphase hat vom 21. Mai 2018 bis am 10. Juni 2018 gedauert. Während der ersten zwei Wochen, habe ich nichts beobachtet oder gemerkt. Und dann hat sich nach und nach zuerst

---

[4] Berechnung gemäss Mischungskreuz in «Heilpflanzentinkturen, wirksame Pflanzenauszüge selbst gemacht» von Rudi Beiser und Helga Ell-Beiser, Ulmer, 2017, S. 26 - 27

ein gewisses Wohlbefinden breit gemacht mit weniger Gelenk-schmerzen, vielleicht aufgrund der Entzündungshemmenden Wirkung des Rotklees. Die Hitzewallungen haben ebenfalls etwas nachgelassen, obwohl zu dieser Wirkung in der Literatur nicht viel zu finden ist. Vielleicht ein Zufall oder einfach die Wirkung der persönlich hergestellten Tinktur.

Vom 10. Juni 2018 bis 8. Juli war die Pause, ohne Einnahme von irgendeinem Präparat. Die Reaktionen liessen knapp eine Woche auf sich warten, mehr Gelenkschmerzen, Muskelverspannungen, Steifheit am Morgen und die Hitzewallungen und Schweissaus-brüche waren heftig wie vor der ersten Versuchsphase. Das war der ideale Zeitpunkt, um die Salbeitinktur auszuprobieren, da man dem Salbei starke schweisshemmende Eigenschaften bei-misst.

3.3.2.   Salbei-Tinktur

Mit den standardisierten Präparaten hatte ich gar keinen Erfolg, wie in der Einleitung erläutert. Deshalb war ich sehr gespannt. Die Tinktur wurde nach dem gleichen Prinzip wie die erste Tinktur ge-macht, ebenfalls mit Frischpflanzen (Blatt) aber mit 70% Ethanol (Trinkfeinsprit 96% auf 70% verdünnt).

Gemäss den Empfehlungen im Buch «Heilpflanzentinkturen» (siehe Quellenangaben) habe ich «3 Mal täglich 20 Tropfen in et-was abgekühlten Salbeitee eingenommen»[5]. Dies habe ich drei

---

[5] Berechnung gemäss Mischungskreuz in «Heilpflanzentinkturen, wirksame Pflan-zenaus-züge selbst gemacht» von Rudi Beiser und Helga Ell-Beiser, Ulmer, 2017, S. 56

Wochen lang gemacht, bis am 29. Juli. Die Tinktur hatte keinen Einfluss auf die Hitzewallungen und auch nicht auf die nächtlichen Schweissausbrüche entgegen meiner Erwartungen. Neben der Einnahme von der Tinktur habe ich am Abend auch Waschungen mit Salbeitee gemacht. In der Fachliteratur wird der Salbei als effektives Mittel gegen Schweissausbrüche angepriesen. Er hilft effektiv bei vielen Frau wie ich aus meinem Bekanntenkreis erfahren durfte.

Ich hatte mir erhofft, dass die Tinktur wirkt, weil es ein mit meiner Energie angereichertes Eigenpräparat war. Ich gebe zu, dass ich etwas enttäuscht war. Andererseits zeigt es, dass Frauen sehr unterschiedlich auf Präparate reagieren und es sich lohnt auszuprobieren. Das nächste Präparat, das mir meine Reisen vorgeschlagen haben, war die Weiden-Tinktur.

3.3.3.   Weiden-Tinktur

Zuerst war ich ein bisschen erstaunt, als mir diese Tinktur «empfohlen» wurde, da die Weide nicht eine spezifische Wechseljahrpflanze ist. Die Weide enthält den Wirkstoff Salicin (Vorbild für die Synthese der Acetylsalicylsäure, Aspirin). Sie hat fiebersenkende, entzündungshemmende und schmerzlindernde Eigenschaften. Da die morgendlichen Schmerzen des Bewegungsapparates sowie schon langanhaltende Rückenschmerzen allgegenwärtig sind, hatte ich die Tinktur trotzdem vorbereitet. Ich habe die Rinde in Bio-Qualität gekauft und mit 40 g trockene Weidenrinde und 180 ml Ethanol (96% Trinkfeinsprit, verdünnt auf 60%).

Da die Salbei-Tinktur keine Wirkung gezeigt hatte, habe ich nur eine zwei wöchige Pause eingelegt.

Somit habe ich mit der Weidentinktur am 13. August 2018 begonnen, mit 30 Tropfen 3 Mal täglich. Während der ersten Woche habe ich nichts Besonderes wahrgenommen, dann habe ich die Dosis auf 40 Tropfen gesteigert und bei Bedarf 1 – 2 Mal mehr eingenommen. Dann wurden die Rückenschmerzen sowohl am Morgen wie am Abend weniger stark. Die Gelenk- und Muskelschmerzen haben auch nachgelassen. Ich beschloss die Einnahme bis am 23. September zu nehmen, also 6 Wochen. Ab der 4. Woche hatte ich den Eindruck, dass es mir körperlich recht gut ging. Die Schmerzen waren zwar noch präsent, aber nicht jeden Tag und auch nicht mehr so heftig. Ich hatte sogar den Eindruck, dass die Hitzewallungen nachgelassen hatten und die nächtlichen Schweissausbrüche weniger wurden. Aber vielleicht war das auch nur eine Phase, in der sie sowieso weniger intensiv waren. Die Aussentemperaturen sind ebenfalls zurückgegangen, was bestimmt einen Einfluss hatte, u.U. mehr als die Weiden-Tinktur. Oder wirkt die fiebersenkende Weide auch bei kurzfristigen Temperturerhöhungen? In der Literatur ist dazu nicht viel zu finden

Dazu möchte ich noch einen wichtigen Punkt anfügen, am besten mit einem Zitat aus dem Buch „Heilpflanzen-Tinkturen": „Der Vorgang des Heilens basiert nicht ausschliesslich auf stofflicher Ebene. Neben den pharmazeutischen Wirkstoffen existieren noch weitere Kräfte, die die Heilwirkung positiv beeinflussen können. So können beispielsweise der Glaube an die Wirksamkeit eines Medikamentes oder die Visualisierung des Heilungsprozesses die

Selbstheilungskräfte anregen und das Immunsystem stärken. Rituale und Visualisierungen unterstützen den Heilungsprozess. Voraussetzung ist dabei natürlich, dass die Handlungen für einen selbst passend und stimmig sind".[6] Für mich hat „Selbergemachtes" eine zusätzlich besondere Wirkung.

Die nächste Pause ging vom 24. September bis 21. Oktober. Sie war ziemlich anspruchsvoll; wieder mehr Schmerzen und andere Symptome. Also Zeit für die nächste Tinktur.

3.3.4. Traubensilberkerzen-Tinktur

Mit der Traubensilberkerze, cimicifuga racemosa, hatte ich bereits Erfahrung wie in der Einleitung erläutert. Sie wirkt hormonausgleichend, beruhigend und krampflösend.

Ich mir eine Tinktur aus gekauften Wurzeln hergestellt, vom Prozedere her analog zur Weiden-Tinktur 40 g geschnittener Wurzelstock mit 180 ml Ethanol (96% Feintrinksprit verdünnt auf 60%). Die Tinktur riecht ziemlich penetrant. Der Geschmack ist intensiv.

Am 22. Oktober habe ich mit einer Dosierung von 20 Tropfen 3 Mal am Tag angefangen. Nach zwei Wochen zeigten sich erste «Besserungen». Irgendwie hatte ich aber im Gefühl, dass die Dosierung noch nicht optimal war und habe auf 30 Tropfen 3 Mal am Tag gesteigert. Nebenwirkungen hatte ich keine, so wie ich auch keine mit dem standardisierten Präparat hatte. Nach 3 Wochen begannen die Hitzewallungen, nicht aber die Schweissausbrüche

---

[6] S. 35

nachzulassen. Ich steigerte die Dosis auf 40 Tropfen. Die Hitzewallungen sind seltener geworden, nur noch max. 2 – 3 Mal täglich und die Schweissausbrüche dauerten etwas weniger lang. Die muskuloskelettalen Schmerzen haben ebenfalls erheblich nachgelassen.

Nebst den Wechseljahrbeschwerden habe ich fast täglich nächtliche Krämpfe im rechten Bein wegen einem Massenbandscheibenvorfall (2016 operiert). Ich hatte praktisch keine Krämpfe mehr. Womöglich gibt es einen Zusammenhang mit der generellen Entspannung und der schmerzlindernden Wirkung der Traubensilberkerze.

So scheint die Traubensilberkerze eine für mich passende Tinktur zu sein. Am 18. November 2018 habe ich wieder eine Pause eingelegt. Bereits nach einer Woche machten sich gewisse Symptome wieder bemerkbar. Für mich ein Zeichen, dass die Traubensilberkerze «funktioniert».

3.3.5.   Baldrian-Tinktur

Der Baldrian, lateinisch Valeriana officinalis, wirkt beruhigend, schlaffördernd, konzentrationsfördernd, leistungsfördernd, muskelentspannend und krampflösend. Diese Tinktur kam mir gelegen, weil das häufige Aufwachen in der Nacht wegen der Schweissausbrüche häufig zu «Wieder-Einschlafschwierigkeiten» führte. Die Tinktur habe ich mit 40 g gekauften getrockneten Baldrian Wurzeln in Bio-Qualität mit 190 ml 51% Kräuterlikör hergestellt.

«Damit er zuverlässig wirkt, sollte er hoch dosiert werden: Zur Beruhigung und bei nervösen Störungen nimmt man 3 Mal täglich 40 − 50 Tropfen»[7] wenn die Tinktur mit getrockneten Wurzeln hergestellt wurde. Eine einmalige Einnahme 30 Minuten vor dem Schlafengehen, um gut und relativ zügig einzuschlafen bedarf einer höheren Dosierung ca. 70 Tropfen (mit einer Tinktur aus getrockneten Wurzeln). Meine Überlegung war, dass wenn die Tinktur beim Einschlafen hilft, dann sollte sie auch beim «Wiedereinschlafen» einsetzbar sein.

Der erste Versuch fand am 15. Dezember um 3 Uhr morgens statt. Als ich nach 30' nicht einschlafen konnte, habe ich, mit etwas Respekt vor der Menge, 70 Tropfen in einem halben Glas Wasser eingenommen. Das entspricht einem guten Teelöffel. Ich habe den Versuch mehrmals gemacht und es hat fast immer funktioniert. Es ist also beim Aufwachen in der Nacht nicht notwendig stundenlang Ideen zu wälzen oder Schäfchen zu zählen oder sich sogar aufzuregen, weil der Schlaf nicht kommt. Der grosse Vorteil des Baldrians ist, dass er gut verträglich ist und man am Morgen auch gut aufwacht ohne dumpfes Gefühl im Kopf. Sein Geruch und Geschmack sind jedoch sehr intensiv und gewöhnungsbedürftig.

3.3.6.   Und kombiniert?

Die Praxis hat mir gezeigt, dass mein Körper auf Rotklee, Traubensilberkerze und Weide einzeln sehr gut reagiert. Deswegen habe ich am 16. Januar 2019 begonnen 12 Tropfen (aus getrockneter)

---

[7] «Heilpflanzentinkturen, wirksame Pflanzenauszüge selbst gemacht» von Rudi Beiser und Helga Ell-Beiser, Ulmer, 2017, S. 114

Rotklee-, 15 Tropfen Traubensilberkerze- und 20 Tropfen Weidentinktur 3 Mal pro Tag zu nehmen. Nach den ersten 2 Wochen zeigte sich bereits wieder eine Linderung der meisten Symptome, Zeichen, dass die Kombination auch «funktioniert». Sie scheint viel versprechend.

Bei Tinkturen wie auch bei Medikamenten sollte man auf die Dauer der Einnahme achten. Zum Beispiel bei der Traubensilberkerze sollte man nach 5 bis 6 Monaten eine Pause einlegen.

3.3.7. Kurzes Fazit

Wie bereits erwähnt bin ich ein absoluter Fan von Tinkturen. Einige habe ich an mir getestet. Es gäbe natürlich noch andere die für Wechseljahrbeschwerden sehr hilfreich sein könnten (siehe unter Punkt 2.3, Phytotherapie und Fachliteratur). Wenn Sie die Tinkturen nicht selbst herstellen möchten oder können, gibt es auch standardisierte Tinkturen, dort achten Sie aber auf die beschriebene Dosierung und die Qualität. [8]

Ich bin sehr zufrieden mit dem gesamten Resultat dieses Versuches. Es hat nicht nur Spass gemacht, sondern auch effektiv geholfen. Ich werde diese Tinkturen weiterverwenden und zwischendurch einmal eine Pause einlegen, um zu schauen, wie es um meine Beschwerden allgemein steht. Ich schliesse es nicht aus, noch andere Pflanzen zu erkunden.

---

[8] Die Tinkturen u.a. der Firma Ceres sind sehr sorgfältig und qualitativ hochwertige Tinkturen.

Wenn Sie Tinkturen auch interessieren, empfehle ich Ihnen das ausführliche Buch von Rudi Beiser und Helga Ell-Beiser, das ich mehrfach zitiert habe (siehe auch Quellenangaben.

3.4 Was sonst noch über die Runde helfen kann

Nebst pflanzlichen Präparaten und anderen Medikamentösen Therapien gibt es noch weitere hilfreiche Massnahmen, um sich das Leben während Wechseljahren zu erleichtern. Die habe ich ebenfalls parallel zu den Tinkturen ausprobiert.

3.4.1.   Schlafhygiene

Mein Schlaf ist schon seit längerer Zeit nicht besonders gut. Ich wache mehrmals in der Nacht auf und am folgenden Tag bin ich sehr müde. Da stellte ich mir schnell mal die Frage wie ich die Situation verbessern kann

Ein feiner Geruch vor dem Einschlafen war das erste was mir in den Sinn gekommen ist und ich dachte dabei an das Lavendelkissen meiner Grossmutter. Sowas hatte ich gerade nicht zur Hand. Also habe ich **Lavendel** in Form von ätherischem Öl genutzt. Nach Bedarf gebe ich 3 – 4 Tropfen auf eine Gaze, die ich neben das Kopfkissen platziere, oder ich gebe die Tropfen direkt ins Wasser der Duftlampe. Die Duftlampe (mit Kerze) sollte vor dem Schlafengehen, nach meiner Erfahrung, nicht mehr als 10 bis 15 Minuten im Einsatz sein. Der Raum riecht dann bereits genug. Wenn man die Duftlampe zu lange brennen lässt, verdunstet das Wasser und das Öl «verbrennt» mit entsprechend schlechtem Duft. Zu beachten ist, dass Lavendel wie viele andere ätherische Öle Kopfschmerzen erzeugen kann, wenn man dem Duft zu lange ausgesetzt ist. Wichtig scheint mir auf die eigenen Bedürfnisse einzugehen. Vielleicht ist am nächsten Tag ein anderer Duft der Richtige. Viele Düfte sorgen für einen gesunden Schlaf wie zum Beispiel Rose, Sandelholz, Jasmin, Eukalyptus oder Bergamotte.

Ein gut gelüftetes kühles Schlafzimmer (ideal ca. 18° C) und häufig frische Bettwäsche zum Beispiel aus Satin, besonders wenn man viele Schweissausbrüche hat, sind ebenfalls sehr empfehlenswerte Massnahmen. Wenn die Aussentemperaturen im Sommer zu hoch sind hilft ein Fächer neben dem Bett oder ein kalter Coldpack aus dem Tiefkühler. Eine tiefgefrorene Pet-Flasche mit Wasser ist eine praktische Alternative.

Ausserdem wäre es sinnvoll schon tagsüber dafür zu sorgen, dass nicht zu viel Stress und besorgniserregende Situationen entstehen. Oft trägt man die mit nach Hause und in die Nacht. Schwierige Gespräche sollten lieber auf den nächsten Tag verschoben werden. Generell ist Stress zu vermeiden, da er leicht Hitzewallungen auslösen kann.

3.4.2.   Ernährung

Die Ernährung ist ein weiterführendes Thema, das ich hier nur sehr partiell aufgreife und auf meine persönlichen Erfahrungen stützte.

Bereits Hippokrates (324 – 469 vor Chr.) sagte «Deine Nahrung soll deine Medizin sein». Das gilt heute noch viel mehr als früher als die Lebensmittel noch nicht durch Überdüngungen, Pestizide und andere Stoffe «verseucht» sind. Es ist also umso wichtiger auf qualitativ hochwertiges Essen zu achten. Sorgen Sie dafür, dass Ihre Nahrungsmittel möglichst aus Ihrer Region kommen und wenn möglich in Bio-Qualität.

Eine ausgewogene, fettarme Ernährung mit viel Gemüse, Ballaststoffe scheint ein positiver Effekt auf die Symptome zu haben. Bei zu viel Zucker und Süssigkeiten lassen die Symptome nicht lange auf sich warten (z.B. Hitzwallungen) und auch Milchprodukte und Fleisch sind nicht besonders förderlich. Heisse Getränke und scharf gewürzte Speisen lösen oft Hitzewallungen aus. Ich habe das experimentiert.

Um die Schlafqualität zu verbessern sollte man am Abend vor 19:00 Uhr leicht essen, zum Beispiel eine Gemüsesuppe.

Kohlenhydrate haben einen gegenteiligen Effekt. Wenn ich am Abend Spaghetti oder Süssigkeiten esse, dann wache ich noch häufiger schweissgebadet auf. Aslo lasse ich es lieber, wenn es geht.

Trinken ist ebenfalls wichtig, und zwar möglichst ungesüsste Getränke: viel Wasser, Grüntee, kein Kaffee.

(Foto C. Bass)

3.4.3. Bewegung

Alle Spezialistinnen und Spezialisten der Wechseljahre empfehlen regelmässige Bewegung oder Sport. Sport regt den Stoffwechsel an und ist zudem die beste Massnahme zur Vorbeugung der Osteopose. Der Verlust von Knochenmasse wird gebremst. Die Muskulatur wird gekräftigt und der Knochenapparat wird vor Verletzungen geschützt. Sport hält fit, macht gut Laune und lindert zusätzlich auch die Hitzewallungen. Wichtig ist eine Bewegungs- oder Sportart auszuwählen die Spass macht. Spaziergänge in der Natur und insbesondere im Wald sowie Gärtnern sind meine lieblings Aktivitäten. Im Winter macht das Schneeräumen besonders Spass und hat einen positiven Effekt aufs Schlafen.

Regelmässig Atemübungen zu machen kann helfen Stresssituation zu bewältigen und sind hilfreich bei Herzrasen.

Nach dem Sport oder einem anstrengenden Tag kann ein Basen-Bad (nicht heisser als 38°C) für Entspannung und Entsäuerung sorgen.

3.4.4. Sonstige kleine Hilfsmittel

Eine adäquate Kleidung kann bei Schweissausbrüchen hilfreich sein. Schauen Sie welche Materialien ihnen zusagen. Ich mag besonders Baumwolle und Seide. Schichtenbekleidung ist praktisch, da man bei Bedarf die Sachen aus- oder anziehen kann. Für Berufstätige kann es ebenfalls nützlich sein, Ersatzkleider am Arbeitsort zu haben. Ein Schal gehört auch zur Grundausstattung, falls nach einer Hitzewallung auf einmal das Frösteln einsetzt. Der begleitet mich immer.

Die Handtasche einer Frau birgt Platz für zahlreiche «Wechsel-jahr-Hilfsmittel» wie zum Beispiel einen Fächer, eine kleine Sprühflasche mit einem feinen Hydrolat oder Wasser, gegebenen-falls mit etwas Pfefferminzöl angereichert (erfrischend), Feuchtig-keitstücher.

(Foto C. Bass)

4. Schlussbemerkungen

Viele Frauen leiden unter den Wechseljahrbeschwerden oder empfinden sie zumindest als etwas Lästiges. Ich bin keine Ausnahme. Ich hatte mich auch gefragt wann es endlich wieder aufhört. Man kann sich darauf versteifen und jammern oder man kann diese Zeit als spannende Herausforderung annehmen. Mir gefällt die zweite Option, weil sie grosse Chancen birgt, wie zum Beispiel, dem Körper zu horchen und ihn besser oder von einer anderen Seite kennenlernen, beobachten wie sich die Situation physisch und psychisch anfüllt, in anderen Worten, sich mit sich selbst zu beschäftigen. Manche Sachen haben sich geändert, so finde ich. Ich brauche mich nicht mehr zu behaupten, eine gewisse Gelassenheit und Ruhe machen sich breit. Der Körper zeigt mir, wann er eine Pause braucht, wann er vor Energie strotzt. Die Schwerpunkte in meinem Leben haben sich verändert. Ich habe gemerkt, dass ich nur dann effizient bin, wenn es mir gut geht. Also sage ich ja zu meinem Körper und meiner Seele. Die Wechseljahre sind wirklich eine Chance sich neu zu entdecken und sich neu zu orientieren.

Dieser Selbstversuch war eine wahre Entdeckungsreise und hat mich sehr bereichert.

Eine Entdeckungsreise ins Reich der Heilpflanzen.

Die Herstellung der Tinkturen war ein handwerklicher, kreativer und zugleich meditativer Prozess. Die Tinkturen sind ein Geschenk der Natur die mir einmal mehr bewusst gemacht haben, dass Pflanzen Lebewesen sind die nicht nur aus einer Anzahl Wirkstoffe bestehen, sondern noch ganz andere Kräfte haben.

Eine Entdeckungsreise zu mir selbst.

Dieser Versuch hat mir vor allem auch gezeigt, dass die Wechseljahre nicht nur „Beschwerden" machen, sondern eben auch den Horizont erweitern. Die „Beschwerden sind Signale, Zeichen, die man besser nicht überhört. Sie läuten effektiv ein Wechsel im Leben ein, ein Übergang in eine neue Zeit. Die Zeit für mehr Zeit, für Kreativität, Gelassenheit und Lebensfreude.

Anhänge 1 – 6

Anhang 1: Der Rotklee

(Lat. Trifolium pratense, von „tri"= drei und „folium" = Blatt und „pratum" = wiese, „pratense" = auf der Wiese wachsend. Der Rotklee ist ein uralte drei-blättrige Wiesen- und Ackerpflanze, wie aus dem lateinischen Namen erkenn-bar ist. Er gehört der Familie der Schmetterlingsblütengewächse (Fabaceae) an. Er wird u.a. auch Wiesenklee, Futterklee, Heublume, Ackerklee, Fleisch-klee, Zuckerblümli genannt.

(Foto. C. Bass)

1.   Botanik (Standort, Pflanzenbeschreibung, Ernte)

Der Rotklee wächst auf nährstoffreichen Wiesen, Weiden und Wegrändern. Ursprünglich hat er sich in Europa und Mittelasien ausgebreitet und gelang dann mit den europäischen Auswanderer nach Amerika. Er wird als vitamin- und eiweissreiche Futterpflanze angebaut. In seinen Wurzelknöllchen die bis zu einem Meter tief in die Erde eindringen können, leben Bakterien die Stick-stoff (N) aus der Luft binden und somit Nährstoff für Pflanzen verfügbar macht.

Er ist ein ausdauerndes mehrjähriges Kraut, das zwischen Mai bis September blüht und 15 bis 40 cm hoch wird. Sein Stängel ist kantig und behaart und manchmal etwas rot «angelaufen». Meistens hat er zwei unterschiedlich weit entwickelte Blütenköpfe (kugelig bis eiförmig, 1,5 bis 3,5 cm gross) die hell Kar-min bis fleischrot sein können. Die Blätter sind weiss gezeichnet. Die Blüten-köpfe sollte man bei schönem Wetter, zu Beginn der Blütezeit und auf unge-düngten Flächen ernten. Getrocknet werden sie an einem schattigen Platz. Verwandt ist der Rotklee u.a. mit dem mittleren Klee, der nur einen Blütenkopf hat. Es können aber alle Unterarten verwendet werden. Die Blüten riechen nach Honig und sind nektarreich.

2. Inhaltsstoffe

Der Rotklee enthält sogenannte «Phytooestrogene» vom Typ der **Isoflavone**. Am wichtigsten sind **Genistein, Daidzein, Formononetin, Biochanin A,** organische Säuren wie α-Ketoglucar-, Benztrauben-, und Ascorbinsäure, Galaktosyldiglyceride. Nebst dem enthält er Gerbstoffe, Asparagin, Cumarine, etwas ätherische Öle und Salicylsäure.

3. Heilwirkung

Der Rotklee wirkt hauptsächlich:
-   östrogenartig
-   kardiovaskular protektiv
-   antiöstrogenartig (in hohen Dosen)
-   entzündungshemmend
-   antioxidativ
-   Schutz vor Osteoporose (kontrovers diskutiert)
-   evtl. leicht cholesterinsenkend
-   Blutzuckerregulierend
-   vermutlich Karzinom protektiv
-   Blut- und Leberwertsenkend
-   erhöht die Dehnbarkeit der Arterien
-   verbessert Scheidentrockenheit (Wechseljahre)

4. Indikation

Nach **Kommission E:** keine

Laut **WHO Monographie:** Menopause, Osteoporose, Hyperlipidämie, Protatakrebs. Aber trotz zahlreicher Studien sind die Daten unzureichend für die Unterstützung dieser Indikationen. Neue klinische Studien brachten den Rotklee wieder ins Gespräch. Da sich aber die Arzneigesetzgebung mit seiner Annerkennung noch schwer tut, wurden Rotkleepräparate vor allem im Bereich der Nahrungsergänzungsmittel aufgegriffen (z.B. Menoflavon-Kapseln von Melbrosin).

In der **Volkseilkunde** wird Rotklee-Tee bei Bronchialkatarrh, Husten, Heiserkeit und Durchfällen empfohlen. Man ihn auch als erweichende Auflage bei Krebsartigen Geschwüren benutzt.

Der Rotklee gilt auch als heimischer Sojaersatz.

5. Nebenwirkungen, Kontraindikationen

Es sind keine Kontraindikationen bekannt, jedoch Nebenwirkungen wie leichte Übelkeit und sehr selten Urtikaria. Interaktionen sind ebenfalls kein bekannt. Der Rotklee gilt allgemein als gut verträglich.

Bei einem Mammakarzinom oder Gebärmutterkrebs (oder bei genetischer Disposition) sollte man auf Rotkleepräparate verzichten wegen der östrogenartigen Wirkung, die das Wachstum von Brustkrebszellen begünstigen könnten. Dies ist jedoch ein umstrittenes Thema. Ausserdem sollte Rotklee in Form von hochdosierten Fertigpräparate wegen der hormonartigen Wirkung nicht während der Schwangerschaft eingenommen werden.

6. Anwendungen, Zubereitung und Dosierung

Innerlich:
- Der Rotklee wird u.a. als wohltuender Tee verwendet. Für Tee überbrüht man 2 Teelöffel getrocknete oder 2 Esslöffel frische Blüten mit 2,5 dl heißem Wasser und lässt ihn 5 bis 8 Minuten ziehen. Wenn man den Rotklee-Tee mit Gänseblümchen und Spitzwegerich zu gleichen Teilen vermischt, ergibt sich einen vorzüglichen Hustentee.
- Bei Wechseljahrbeschwerden mit Hitzewallungen verstärkt man den Tee mit Salbei und Hopfen (3 Tassen täglich). Die Tagesdosis an Isoflavone: ca. 40 mg bis 50 mg (je nach Literatur).
- Eine spezielle Anwendung in den Wechseljahren sind Vaginalkugeln mit Rotklee-Urtinktur. Die gereizte Scheidenhaut wird befeuchtet, regeneriert und hormonell sanft stimuliert.

Äusserlich:

- Einen Aufguss der Rotklee-Blüten (evtl. mit Blättern) kann man in Form von Umschlägen gegen Hauterkrankungen verwenden. Bäder sind auch möglich.
- Rotklee-Salbe kann bei Reizungen am Scheideneingang, bei Scheidentrockenheit oder Fissuren bei Kraurose ein- bis zwei Mal täglich dünn aufgetragen werden (Rezept: Seite 212- 213, Lexikon der Frauenkräuter, Margret Madejsky).
- Rotklee wird wegen seiner antioxidativen Wirkung in Anti-Aging-Cremes und Salben eingearbeitet (Schutz vor UV-Strahlen und Verminderung der Faltenbildung), sowie in Haarpflegepräparate (z.B. Weleda-Haaröl).

7. Mythologie

Schon früh galt Klee als eine Zauberpflanze und ein heiliges Symbol, die fähig ist dem Land Glück und Fruchtbarkeit zu schenken (cf. Stickstoff Punkt 1). Der Heilige Patrick soll in Irland anhand der Dreiblättrigkeit die Dreieinigkeit erklärt haben. Das vierblättrige Kleeblatt galt als Symbol der 4 Himmelsrichtungen und der damit verbundenen vier Elemente Feuer, Luft, Wasser und Erde. Es war damit ein Symbol der Weltenmitte. Die Christen rückten dagegen die Kreuzform in den Vordergrund. So soll der vierblättrige Klee in Irland den Kreuzstab des Hl. Patrick widerspiegeln, den dieser der Schlange in den Rachen stieß und so die Schlangen aus Irland vertrieb.

8. Sonstiges

Sirup-Rezept: In einem 1-Liter Messbecher frische Rotkleeblüten sammeln. 1 Liter heisses Wasser darüber giessen. Nach 15 bis 20' abfiltern und mit 1 Kg Zucker (Rohrohr) 5' einkochen und anschliessend in sterilisierte Flaschen abfüllen. Ideal zum Süssen von Hustentee und als Genussmittel zum Aromatisieren von Getränken.

Anhang 2: Der Salbei

(Lat. Salvia officinalis, von „salvare"= heilen, retten, bewahren. Der Salbei gehört der Familie der Lippenblütler (Lamiaceae). Es gibt unzählige Arten von Salbei zwischen (500 und 900). Der Salbei wird u.a. auch Müsliblätter, Altweiberschmecken, Selwe, Zaffern, griechischer Tee, Donnererbsen, Götterspeise.

(Foto C. Bass)

1. Botanik (Standort, Pflanzenbeschreibung, Ernte)

Der Salbei stammt aus dem Mittelmeerraum und ist auf kalkhaltigen Stellen der Küsten und in den Macchien beheimatet. Er kommt vor allem in Südfrankreich, Italien, Griechenland vor. Er wird natürlich in Kräutergärten angebaut. Geerntet werden die Blätter und Blüten kurz vor dem Aufblühen von Mai bis Juni.

Die Salbei-Arten sind selten ein-, manchmal zweijährige bis meist ausdauernde krautige Pflanzen, Halbsträucher oder Sträucher. Die meist länglichen Blätter des stark verzweigten 40 bis 80 Zentimeter hohen Halbstrauches sind je nach Sorte graugrün bis silbergrün, purpurviolett bis hellgrau, gelbgrün oder mehrfarbig gemustert. Vor allem die jungen, samtig-pelzigen Blätter verführen immer wieder zum Betrachten, Streicheln, Beschnuppern und auch Kosten. Die Blüten erscheinen ab Ende Mai in lockeren Scheinähren und sind meist blau-violett, können aber auch weiss, rot oder rosafarben sein. Als Gewürz- und Heilkraut sind die grünen (oder mehrfarbigen), schmalblättrigen und die nicht blühenden, breitblättrigen Sorten am besten geeignet. Mit der Salbeiernte sollte man vor der Blüte beginnen. Die Würz- und Heilkraft steckt besonders in den Blättern und in den jungen Trieben.

2. Inhaltsstoffe

Ätherische Öle (1 – 2,5 %, mit α- und β-Thujon, Cineol, Campher), **Lamiaceen-Gerbstoffe** (bis 8%, u.a. Rosmarinsäure), Diterpen-Bitterstoffe, Triterpene, Steroide und 1 bis 3% Flavonoide.

3. Heilwirkung

Er wirkt hauptsächlich:
- antibakteriell
- fungistatisch
- virusstatisch
- adstringierend
- sekretionsfördernd
- schweisshemmend
- appetitanregend
- antiphlogistisch
- antioxidativ
- schwach blutzuckersenkend

4. Indikation

Nach Kommission E und ESCOP: Anwendung bei Funktionsstörungen des Magen-Darm-Trakts und bei vermehrter Schweissproduktion und auch bei Entzündungen der Mund- und Rachenschleimhäute.

WHO: u.a. Heiserkeit, Husten, als Sedativum, Blutungen, übermassiges Schwitzen, Menstruationsbeschwerden, Akne, Haarausfall, Antiseptikum.

HMPC: symptomatische Behandlung leichter dyspeptischer Beschwerden wie Sodbrennen und Blähungen, Milderung bei starkem Schwitzen, Behandlung von Mund- und Rachenentzündungen.

In der **Volksmedizin** wird der Salbei bei übermässigem Schwitzen zum Beispiel in den Wechseljahren und bei Magen- und Darmbeschwerden. Auch bei Appetitlosigkeit, Blähungen, Durchfall und Darmentzündungen sowie beim Abstillen wird er eingesetzt. Bei Entzündung des Zahnfleischs, der Mundschleimhäute, des Rachens und des Kehlkopfs wird er als Gurgel- und Spülmittel gebraucht.

5. Nebenwirkungen, Kontraindikationen

Während der Schwangerschaft sollten Salbeizubereitungen und Salbeiblätter nicht angewendet u.a. wegen des α- und β-Thujon Gehaltes. **Während der Stillzeit** sollte nicht zu viel Salbei konsumiert werden, weil er die Milchbildung reduziert. Gurgeln und Spülungen sind während der Schwangerschaft möglich.

Bei länger dauernden Anwendungen von alkoholischen Extrakten oder des reinen ätherischen Öls können epileptiforme Krämpfe auftreten. Keine Nebenwirkungen bei externen Anwendungen.

6. Anwendungen, Zubereitung und Dosierung

Innerlich: Tagesdosis bei inneren Anwendung 4 bis 6 g Droge. Zum Gurgeln und Spülen 2,5 g Droge bzw. 2 – 3 ätherisches Öl auf 100ml Wasser. Zur Pinselung unverdünnter alkoholischer Auszug.

Für die Teezubereitung braucht man 1 TL (1.5 g) fein geschnittene Droge. Man überbrüht den Salbei mit 1 Tasse heissem Wasser und giesst den Tee nach 10 Minuten ab und damit gurgeln. Wenn man den Tee trinken möchte lässte man ihn nur 1 – 3 Minuten ziehen. Während den Wechseljahren sollte der Tee nicht heiss getrunken werden, weil er dann das Schwitzen fördert.

Äusserlich: Bei übermässigem Schwitzen oder bei Fieber kann der Salbei für Waschungen gebraucht werden.

7. Mythologie, Geschichte

Im 16. Jahrhundert rühmte Hieronimus Bock: «Unter allen stauden ist kaum eyn gewächs gewachsen über die Salbe, denn es dienet dem arztet, koch, keller, armen und reichen».

8. Sonstiges

Salbeiblätter eignen sich sehr gut als «Zahnbürste». Er entfernt den Zahnbelag

Salbei wird für Räucherung gebraucht. Er reinigt die Luft zum Beispiel auch in der Küche bei schlechten Gerüchen wie verbranntes, Fisch- oder Kohlgeruch.

Der weisse amerikanische Salbei wird von Schamanen gebraucht, um den Geist zu öffnen und für verschiedene Rituale.

Aus Salbei wird auch Öl gewonnen, das um Eiscreme, Süßigkeiten und Gebäck zu aromatisieren gebraucht wird.

Unter den vielen Salbei-Sorten gibt es ein Aussenseiter, der aus Mittelamerika stammt: der Heilige oder Aztekensalbei Salbei (Salvia divinorum). Er ist die einzige halluzinogene Spezies in der Lippenblütler Familie. Wie Christian Rätsch in seiner «Enzyklopädie der psychoaktiven Pflanzen» berichtet, geht der Konsum mit dem Verlust des Körpergefühls oder der Identität einher, und der Wahrnehmung, gleichzeitig an verschiedenen Orten zu sein.

Anhang 3: der Lavendel

(Lat. Lavandula augustifolia, von lavare = waschen, weil man das aromatische Kraut gern dem Waschwasser oder den Bädern zusetzte. Der Lavendel gehört der Familie der Lippenblütler (Lamiaceae) an. Der Lavendel wird u.a. auch Balsamblümli, BettstrohSchwindelkraut, Zitterblume, Nervenkräutlein, Muttergottespflanze, Zöpfli, Nervenkräutle, genannt.

(Foto C. Bass)

1.   Botanik (Standort, Pflanzenbeschreibung, Ernte)

Der Lavendel ist ein 20 bis 60 cm hoher wärmeliebender Halbstrauch mit stark verzweigten Ästen trägt lineale bis schmal-lanzettliche Laubblätter und sechs- bis zehnblütige grauviolette Scheinquirle, die zu ährigen Blütenständen vereinigt sind. Der Echte Lavendel ist an trockenen warmen Hängen des westlichen Mittelmeergebietes weit verbreitet. Er wird aber auch bis hoch nach Norwegen kultiviert. In Norwegen bildet er wegen der kalten Temperaturen keine Samen mehr aus. Blütezeit: Juli bis September. Er wird traditionell bei Sonnenaufgang geerntet, bevor sich die Aromen an der Hitze verlieren. Wenn man den Lavendel Ende August zurückschneidet verholzt er nicht so schnell und er blüht u.um. ein zweites Mal.

Die Pflanze wird kaum von Parasiten befallen.

2. Inhaltsstoffe

Ätherische Öle (mind. 1.5%, Hauptbestandteile: Linalylacetat, Linalool, Campher, β-Ocimen, 1,8-Cineol), ca. 12% Lamiaceen-Gerbstoffe (u.a. Rosmarinsäure). Es enthält auch Flavonoide, Cumarine und Phytosterole. Für therapeutische Anwendungen braucht das ätherische Lavendelblütenöl 25 bis 46 % Linalylacetat und 20 bis 45 % Linalool.

3. Heilwirkung

Er wirkt hauptsächlich:
- beruhigend
- nervenstärkend
- karminativ
- gallenfördernd
- einschlaffördernd
- krampflösende
- entzündungswidrig
- wundheilend (Verbrennungen)
- anitbakteriell
- antimikotisch (fungizid)
- insektizid

4. Indikation

<u>Nach Kommission E</u>: **Unruhe Zustände** (innere Anwendung), **Einschlafstörungen** (innere Anwendung), **funktionelle Oberbauchbeschwerden** (nervöser Reizmagen, Roemheld-Syndrom, Meteorismus, nervöse Darmbeschwerden) (innere Anwendung), **funktionelle Kreislaufstörungen** (Bäder).

<u>Erfahrungsheilkundlich </u>wird Lavendel zur Beruhigung von Säuglingen und Kleinkinder verwendet (Inhalation). Auch bei Verspannungen, die mit Kopfschmerzen verbunden sind, kann er Abhilfe verschaffen. Lavendelöl wird auch bei Unruhezuständen bei ängstlicher Verstimmung genutzt.

Nach ESCOP: Stimmungsschwankungen, wie Ruhelosigkeit, Schlaflosigkeit, funktionelle Unterleibsbeschwerden.

Nach WHO: symptomatische Ruhelosigkeit, Schlaflosigkeit, krampflösend bei gastrointestinalen Beschwerden, Kreislauf-Beschwerden (äusserlich, Bäder). Inhalationen bei Angstzuständen, Entspannung, Schlaflosigkeit, als Karminativum bei gastrointestinalen Beschwerden (nervös bedingt), Kreislaufbeschwerden (Bäder).

HMPC: Linderung leichter Symptome von mentalem Stress und Erschöpfung, Schlafhilfe.

In der Volksmedizin wird der Lavendel bei Migräne und Bronchialasthma innerlich benutzt. Äusserlich wird er bei Rheuma, Verspannungen, Erschöpfung, schlecht heilenden Wunden und Verbrennungen und als Einschlafhilfe (Duftkissen, z.B. mit Hopfenblüten) benutzt.

5.   Nebenwirkungen, Kontraindikationen

In seltenen Fällen kann das ätherische Öl allergische Reaktionen auslösen.

6.   Anwendungen, Zubereitung und Dosierung

Innerlich:

Der Lavendel wird u.a. als **Tee** verwendet: 1 – 2 TL Droge pro Tasse (heiss überbrühen und 5' abgedeckt ziehen lassen). Als ätherisches Öl 1 -4 Tropfen (ca. 20 – 40 mg) auf einem Stück Würfelzucker (wenn es geht kein raffinierter Zucker, kann auch in einem Löffel mit Rohrohrzucker eingenommen werden).

Als Fertigpräparat: Ceres Lavandula Urtinktur (Dosierung siehe Pakungsbeilage)

Äusserlich:

Lavendel wird als Badezusatz gebraucht, ca 20 bis 100 gr Droge auf 20 Liter Wasser. Bei einem Vollbad empfiehlt sich Lavendel Öl zu benutzen oder z.B. das Weleda Lavendelbad.

Der Lavendel wird in der Frauenheilkunde auch genutzt, um Scheidenpilze in Schach zu halten (z.B. eine Slipeinlage mit 1 – 3 Lavendelöltropfen beträufeln, bei Bedarf mehrmals täglich wechseln).

Ich persönlich verarbeite den Lavendel zu einer Salbe, die ich z.B. bei Mückenstichen, Verbrennungen, usw. benutze (am besten selbst ausprobieren).

Lavendelsträusschen bei Säuglingen in der Nähe des Betts zur Beruhigung und gutem Schlaf.

7.   Mythologie

Die alten Ägypter sollen mit Lavendel die Raumluft verbessert und die Krankenzimmer ausgeräuchert haben. Auch bei religiösen Feiern gab man Lavendel dem Weihrauch hinzu.

8.   Sonstiges

Der Lavendel ist eine gute Pflanze in Übergangssituationen und in Situationen, in denen man Abschied nehmen muss (z.B. bei Sterbebegleitung). Ich nutze den Lavendel bei schamanischen Ritualen bei der Trauerbegleitung.

Lavendel wird auch in der Küche als Gewürz gebraucht. Aus Lavendel kann auch ein köstliches Sorbet hergestellt werden.

Der Lavendel findet auch im Kleiderschrank Anwendung (Duftsäckchen) z.B. gegen Motten und um der Wäsche einen feinen Duft zu geben.

Anhang 4: die Weide

(Lat. Salix alba, von sal = Salz und alba = weiss. Das bezieht sich auf die silber-
weisse Farbe an der Blattunterseite der Silberweide. Die Weide gehört zur Familie der Salicaceae (Weidengewächse).

(Foto C. Bass)

1. Botanik (Standort, Pflanzenbeschreibung, Ernte)

Die Weidengewächse umfassen über 450 Sorten. Man findet die Weide in alle
Teile der nördlichen gemäßigten Zone bis zur Arktis; einige Arten findet man a
auch in den Tropen. Sie erscheinen in ganz unterschiedlichen Formen. Sie kreu-
zen sich gerne und deswegen sind sie auch für die Botaniker eine Herausforderung. Sie haben schraubig angeordnete Blätter dessen Unterseite behaart ist.
Die Blüten nennt man Kätzchen. Die männlichen haben herausragende Staub-
blätter und die weiblichen sind grünlich.

2. Inhaltsstoffe

Salicylalkoholderivate (mind. 1.5 – 11%), darunter das Salicin als Prodrug, neben Salicortin, Fragilin, Populin u.a. Catechingerbstoffe, Kaffeesäure-derivate,
Flavonoide.

3. Heilwirkung

Sie wirkt hauptsächlich: antipyretisch, antiphlogistisch, analgetisch und antioxidativ.

4. Indikation

Nach Kommission E, ESCOP und HMPC hilft die Weide bei rheumatischen Erkrankungen, Kopfschmerzen (nur Kommission E).

In der Volksmedizin wird die Weide bei rheumatischen Schmerzen, neurologi-
schen Beschwerden und grippeartige Erkrankungen eingesetzt.

5. Nebenwirkungen, Kontraindikationen

Salicylsäure-Allergie. Vorsicht ist geboten bei Personen die Blutverdünnende Medikamente einnehmen.

Die Weide hat keine Nebenwirkungen.

6. Anwendungen, Zubereitung und Dosierung

Von der Weide wird die Rinde benutzt. Man kann sie als Tinktur oder Tee (Infus oder Dekokt) einnehmen. Nach neuen Erkenntnissen besteht die Tagesdosis aus 120 – 240 mg.

7. Mythologie

„Schon die alten Ägpter haben der Nachwelt hieroglyphische Weiden-Rezepturen gegen schmerzhafte Wunden, Entzündungen und Schwellungen hinterlassen. Hippokrates (460-377 v. Chr.) empfahl Weiden-Aufgüsse gegen Gelenkentzündungen oder Fieber. Dioskurides (1. Jahrh. n. Chr.) hatte eine „zusammenziehende" Wirkung (adstringierend) beobachtet und verordnete Weide in gepulverter oder wässriger Form gegen Blutspeien, Ohren- oder Augenleiden. Von den Germanen und Kelten berichteten römische Ge-schichtsschreiber, dass die Barbaren Weidezweige auskochten. Die wässrigen Auszüge wurden dann getrunken oder als Umschläge gegen schmerzende Glieder oder schlecht heilende Wunden eingesetzt."[9]

---

[9] https://www.heilpflanzen-welt.de/2010-03-Weide-Die-Alleskoennerin/

Anhang 5: der Traubensilberkerze

(Lat. Cimicifuga racemosa, von lavare = waschen, weil man das aromatische Kraut gern dem Waschwasser oder den Bädern zusetzte. Der Lavendel gehört der Familie der Lippenblütler (Lamiaceae) an. Die Traubensilberkerze wird u.a. auch Frauenwurzel, Langtraubiges Christophskraut, Nordamerikanische Schlangenwurzel, Wanzenkraut genannt.

1. Botanik (Standort, Pflanzenbeschreibung)

Traubensilberkerze ist im Osten Nordamerikas (westlich bis Missouri und Arkansas) heimisch. Sie wächst meist an beschatteten Standorten in Höhenlagen zwischen 0 und 1500 Metern. Die Traubensilberkerze ist eine schöne und dekorative Gartenpflanze.

Die Traubensilberkerze ist eine ausdauernde Pflanze. Sie wird bis 2 m hoch. Die Pflanze hat einen dicht bewurzelten Wurzelstock. Die aufrechten Stengel tragen im oberen Teil grosse, dreifach gefiederte Laubblätter. In einem langen, schmalen, aus mehreren Teilblütenständen zusammengesetzten Blütenstand befinden sich zahlreiche Blüten. Die weisslichen Blüten sind klein. Die Früchte sind eiförmige Kapseln, die zahlreiche flache Samen enthalten.

Sie wird im Herbst oder Spätherbst geerntet.

2. Inhaltsstoffe

Die wirksamen Bestandteile der Droge sind bis heute nicht eindeutig bekannt. Es wird vermutet, dass die Triterpenglykoside vom Cyclartenoltyp (gefunden wurde unter anderem Actein) und Cimicifugosid für die Wirkung verantwortlich sind. Die Aglyka der Glykoside sind Acetylacteol und Cimigenol, Terpene mit Grundkörper vom Cycloartan-Typ. Die Harzfraktion enthält Cimicifugin. Ferner wurden Alkaloide u.a. Cytisin und Methylcytisin gefunden. Das Vorkommen des Flavonoides Formononetin ist umstritten.[10]

---

[10] https://www.awl.ch/heilpflanzen/cimicifuga_racemosa/traubensilberkerze.htm

3. Heilwirkung

Die Traubensilberkerze entfaltet im Menschen eine hormon-regulierende Wirkung. Das wird auf die Triterpene zurückgeführt. Im Gegensatz zu künstlichem Estrogen (= Östrogen) bleiben unerwünschte Nebenwirkungen aus.

Sie wirkt beruhigend und krampflösend; Beschwerden wie Hitzewallungen, depressive Zustände, Schlafstörungen und Blutdruckschwankungen, die durch die hormonelle Dysbalance im Klimakterium entstehen, werden günstig beeinflusst.

4. Indikation

Nach der Kommission E: prämenstruelle und dysmenorrhoische sowie klimakterisch bedingte neurovegetative Beschwerden.

Die ESCOP (European Scientific Cooperative on Phytotherapy, ESCOP) nennt folgende Anwendungen: klimakterische Beschwerden wie Hitzewallungen, starkes Schwitzen, Schlafstörungen und nervöse Reizbarkeit.

Das Committee on Herbal Medicinal Products (HMPC) hat die innerliche Anwendung der Droge zur Behandlung von Wechseljahresbeschwerden wie Hitzewallungen und übermässiges Schwitzen als „medizinisch allgemein anerkannt" akzeptiert.

5. Nebenwirkungen, Kontraindikationen

Magen-Darm-Beschwerden, Hautreaktionen, Spannungsgefühle in den Brüsten und menstruationsähnliche Blutungen können in seltenen Fällen auftreten.

Ob ein Zusammenhang zwischen der Einnahme von Cimicifuga-Präparaten und dem sehr seltenen Auftreten von Leberschädigungen besteht, wird kontrovers diskutiert.

Wechselwirkungen mit anderen Mitteln sind derzeit nicht bekannt.

Bei Brustkrebs ist Vorsicht geboten.

6. Anwendungen, Zubereitung und Dosierung

Auszüge mit Alkohol 40 – 60% entsprechend einer Tagesdosis von 40 mg Droge. Da Langzeitstudien fehlen sollte man die Präparate nicht über längere Zeit nehmen. Nach 5 bis 6 Monaten sollte man eine Pause einlegen.

7. Volksheilkunde

Die Eingeborenen nennen die Pflanze black snake root. Die Traubensilberkerze wurde in der Volksheilkunde der Indianer hauptsächlich in der Frauenheilkunde, zur Geburtserleichterung und als Gegengift bei Schlangenbissen verwendet, deswegen auch der Namen.

8. Sonstiges

Die Traubensilberkerze ist eine wunderschöne Gartenpflanze. Sie toleriert sogar Staunässe.

Anhang 6: der Baldrian

(Lat. Valeriana officinalis, von valere = gesund sein). Der Baldrian wird u.a. auch Ballerjan, Dennmarkwurzel, Hexenkraut, Marienwurzel, Mondwurzel, Augen-wurz, genannt.

(Foto C. Bass)

1. Botanik (Standort, Pflanzenbeschreibung, Ernte)

Der Baldrian hat einen Stängel der röhrenförmig ist, mit unpaarig gefiederten Blättern. Oben befindet sich eine Art Dolde mit rosafarbenen bis weisslichen Blüten. Er wird bis zu 2 Meter hoch und blüht von Juni bis August. Der Duft der Blüten ist sehr zart im Gegensatz zu dem Geruch der getrockneter Wurzel.

Der Baldrian ist eine mehrjährige Staude, die in praktisch ganz Europa und wei-ten Teile Asiens vorkommt. Er wächst auf feuchten Wiesen, Weiden, an den Ufern von Bächen und Gräben und am Waldrand. Es gibt zahlreiche Baldrian-Arten und sie wirken ähnlich.

2. Inhaltsstoffe

Ätherische Öle (Baldrianöl), Valerensäure, Baldriansäure, Sesquiterpene, Valepotriate, hydrophile Lignane, Bitter- und Gerbstoffe, Harz und Alkaloide.

3. Heilwirkung

Er wirkt hauptsächlich:
- beruhigend
- einschlaf- und durchschlaffördernd
- Konzentrations- und leistungsfördernd
- muskelrelaxierend

4. Indikation

Nach Kommission E: Unruhezustände, nervös bedingte Einschlafstörungen.

Erfahrungsheilkundlich adjuvant bei Gastritis, nervösem Reizmagen, Magenkrämpfe.

Nach ESCOP, WHO und HMPC: Verbesserung bei leichter nervöser Anspannung.

Baldrian wurde in der Volksmedizin überwiegend als harntreibendes und menstruationsförderndes Mittel eingesetzt. Auch bei Wechseljahrbeschwerden, geistiger Überarbeitung, Kopfschmerzen, Angstzuständen, nervösen Herzleiden und Magenkrämpfen fand er Anwendung. Bei verspannten Muskeln ist er ein gutes Mittel.

5. Nebenwirkungen, Kontraindikationen

Es sind keine bekannt.

6. Anwendungen, Zubereitung und Dosierung

Innerlich als Infus 2 – 3 g Droge pro Tasse mehrmals täglich. Er kann auch als Tinktur eingenommen werden (ca. 1 TL). Pflanzenpresssaft.

Es gibt auch zahlreiche standardisierte Präparate.

Äusserlich kann Baldrian auch für ein Vollbad genutzt werden (100 g geschnittene Droge).

7. Geschichtliches

Bei den nordischen Völker hatte Baldrian eine wichtige Bedeutung. Wie eine Vielzahl anderer Kräuter, galt Baldrian als bevorzugtes Mittel gegen das Böse. Im Volksglauben besaß er die Fähigkeit, Geister, Teufel und Hexen, die das Vieh verzauberten, zu vertreiben.

Quellenangaben

Pflanzen:
- Schilcher Heinz, Leitfaden Phytotherapie, 5. Auflage, Urban Fischer, 2016
- Vonarburg Bruno, Energetisierte Heilpflanzen, AT Verlag, 2010
- Von Au Franziska, Die Hausapotheke, Bassermann, 2011
- Beiser Rudi, Vergessene Heilpflanzen, AT Verlag, 2017
- Spohn Margot, Golte-Bechtle Marianne, Spohn Roland, Was blüht denn da, Kosmos, 2015
- Madejsky Margret, Lexikon der Frauenkräuter, AT Verlag, 2012
- Dr. Jörg Grünwald, Christof Jänicke, Grüne Apotheke, Gräfe und Unzer Verlag, 2004
- Rippe Olaf, Madejsky Margret, Die Kräuter des Paracelsus, AT Verlag, 2013
- Zuther Svenja, Die Sprache der Pflanzenwelt, AT Verlag, 2. Auflage, 2014
- Kalbermatten Roger, Wesen und Signatur der Heilpflanzen, AT Verlag, 9. Aufl. 2002
- Grünwald Jörg Dr., Jänicke Christof, Grüne Apotheke, Gräfe und Unzer Verlag, 2004

Andere Methoden
- Burgerstein Lothar Dr. †, Burgerstein Handbuch Nährstoffe, 11. Auflage, Haug 2007
- Rhyner Hans Heinrich, Das neue Ayurveda Praxis Handbuch, 7. Auflage, Königsfurt Urania, 2014

Wechseljahre

- Fischer Heide, Ab 40 Gesund und munter durch hormonelle Turbulenzen, Naturheilkunde, medizinisches Wissen und Selbsthilfe für Frauen, die mitten im Leben stehen, 3. Auflage, Nymphenburger, 2018
- Northrup Christiane, Weisheit der Wechseljahre, Selbstheilung, Veränderung und Neuanfang in der zweiten Lebenshälfte, ZS Verlag, 2016

Internet Quellen

- https://www.aerzteblatt.de/archiv/125120/Therapie-von-Beschwerden-in-den-Wechseljahren
- https://www.gesundheit.de/familie/frauengesundheit/wechseljahre/wechseljahre-klimakterium-alternative-behandlung
- https://www.volkskrankheit.net/a_z/wechseljahre/?gclid=Cj0KCQiA68bhBRCKARIsABYU-Gie3C2ml2BUq53ncbhzyatgXRoyCtdb9PNOSIYERCg-okv-T_Jb5cg8aAlwxEALw_wcB
- https://www.sprechzimmer.ch/Fokus/Wechseljahre/Behandlung_ohne_Hormone/#allgemein
- https://www.avogel.ch/de/ihre-gesundheit/wechseljahre/wechseljahre_uebersicht.php
- https://meno-pause.ch/home
- https://heilkraeuter.de
- https://www.therapeutika.ch/Yi+Mu+Cao

MIX

Papier | Fördert
gute Waldnutzung

FSC® C083411

Zeitfracht Medien GmbH
Ferdinand-Jühlke-Straße 7
99095 Erfurt, Deutschland
produktsicherheit@kolibri360.de